GATOS AMIGOS

PAT JACOBS

Traducción de Santiago Ochoa

Crabtree Publishing Company

www.crabtreebooks.com

CRABTREE
PUBLISHING COMPANY
WWW.CRABTREEBOOKS.COM

Published in Canada
Crabtree Publishing
616 Welland Avenue
St. Catharines, ON
L2M 5V6

Published in the United States
Crabtree Publishing
347 Fifth Avenue
Suite 1402–145
New York, NY 10016

Published by Crabtree Publishing Company in 2021

First published in 2017 by Wayland
Copyright © Hodder and Stoughton, 2017

Author: Pat Jacobs

Editorial director: Kathy Middleton

Editors: Elizabeth Brent, Petrice Custance

Translation to Spanish: Santiago Ochoa

Edition in Spanish: Base Tres

Cover and interior design: Dynamo

Proofreader: Wendy Scavuzzo

Production coordinator & Prepress technician: Tammy McGarr

Print coordinator: Katherine Berti

Photographs
All images courtesy of iStock: p1 Tsekhmister; p2 Tomwang112, 5second, Joanna Zaleska; p3
GlobalP; p4 Eric Isselée, Elena Butinova; p5 Eric Isselée; p6 GlobalP, kipuxa, Axel Bueckert,
cynoclub; p7 Lilun_Li, GlobalP, ewastudio, Kirill Vorobyev; p8 Pavel Hlystov, scigelova, Benjamin
Simeneta, estevessabrina, Dixi_; p9 nevodka, Meinzahn, Eric Isselée, Erik Lam, chendongshan;
p10 Ysbrand, Cosijn, parrus, Konstantin Aksenov, Mykola Velychko; p11 Axel Bueckert, eAlisa;
p12 Yuriy Tuchkov, MW47, unclepodger; p13 Aly Tyler, Voren1, alexandco; p14 erjioLe, Aleksandr
Ermolaev, GlobalP, detcreative; p15 Magone, aguirre_mar, gemenacom, Julián Rovagnati, anna1311,
rvlsoft, Egor Shabanov, Nastco; p16 Dorottya_Mathe; p17 Okssi68, RalchevDesign, Goldfinch4ever,
Ryerson Clark, alfonsmartin; p18 Bart_Kowski, Wavebreakmedia; p19 dny3d, Eric Isselée, MoosyElk,
suemack, mashimara; p20 GlobalP; p21 Tony Campbell, oksun70, Maciej Maksymowicz; p22 cynoclub,
adogslifephoto; p23 vvvita, Pavel Hlystov, gsermek; p24 Barna Tanko, Azaliya, lkoimages; p25
cassinga, gurinaleksandr, absolutimages, Butsaya, mbolina; p26 GrishaL, Voren1, Leoba; p27 peplow,
2002lubava1981, GlobalP; p28 kmsh, Dixi_; p29 pwollinga; p32 MilanEXPO.Front cover : Dixi_; Back
cover: fotostok_pdv

Every attempt has been made to clear copyright. Should there be any inadvertent omission, please
apply to the publisher for rectification. The website addresses (URLs) included in this book were valid
at the time of going to press. However, it is possible that contents or addresses may have changed
since the publication of this book. No responsibility for any such changes can be accepted by either
the author or the Publisher.

Printed in Canada/102020/CPC

Library and Archives Canada Cataloguing in Publication

Title: Gatos amigos / Pat Jacobs ; traducción de Santiago Ochoa.
Other titles: Cat pals. Spanish
Names: Jacobs, Pat, author. | Ochoa, Santiago, translator.
Description: Series statement: Mascotas amigas |
  Translation of: Cat pals. | Includes bibliographical references
  and index. | Text in Spanish.
Identifiers: Canadiana (print) 20200292501 |
  Canadiana (ebook) 20200292528 |
  ISBN 9780778784449 (hardcover) |
  ISBN 9780778784661 (softcover) |
  ISBN 9781427126665 (HTML)
Subjects: LCSH: Cats—Juvenile literature. |
  LCSH: Cats—Behavior—Juvenile literature.
Classification: LCC SF445.7 .J3318 2021 | DDC j636.8—dc23

Library of Congress Cataloging-in-Publication Data

Names: Jacobs, Pat, author. | Ochoa, Santiago, translator.
Title: Gatos amigos / Pat Jacobs ; traducción de Santiago Ochoa.
Other titles: Cat pals. Spanish
Description: New York : Crabtree Publishing Company, 2021. |
  Series: Mascotas amigas | Title from cover.
Identifiers: LCCN 2020031608 (print) | LCCN 2020031609 (ebook) |
  ISBN 9780778784449 (hardcover) |
  ISBN 9780778784661 (paperback) |
  ISBN 9781427126665 (ebook)
Subjects: LCSH: Cats—Juvenile literature. |
  Pets—Juvenile literature.
Classification: LCC SF445.7 .J3318 2018 (print) |
  LCC SF445.7 (ebook) | DDC 636.8--dc23

ÍNDICE

TU GATO: DE LA CABEZA A LA COLA

Los gatos han vivido con los seres humanos desde los antiguos egipcios. Los gatos fueron acogidos inicialmente en los hogares para mantener alejadas a las serpientes y para proteger de las ratas y ratones los depósitos de granos. Los gatos son **depredadores**, así que necesitan comer carne. Sus cuerpos han **evolucionado** hasta transformarse en expertas máquinas de caza.

Columna vertebral: Su columna flexible les permite girar cuando caen y así aterrizar en sus patas.

Cola: La cola se utiliza para el equilibrio y la comunicación, y también tiene **glándulas** odoríferas. Dos gatos pueden enroscar y unir sus colas para transmitir sus olores.

Patas traseras: Las poderosas patas traseras actúan como resortes, permitiendo a los gatos saltar hasta nueve veces su altura.

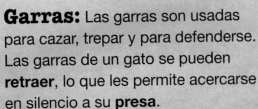

Garras: Las garras son usadas para cazar, trepar y para defenderse. Las garras de un gato se pueden **retraer**, lo que les permite acercarse en silencio a su **presa**.

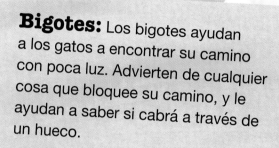

Orejas: Cada oreja tiene alrededor de 30 músculos, lo que le permite a los gatos mover sus orejas en muchas direcciones. Pueden oír exactamente de dónde viene un sonido, y así encontrar fácilmente a su presa.

Ojos: Los gatos tienen una capa en sus ojos que **refleja** la luz, por lo que pueden cazar casi en total oscuridad. Es por eso que los ojos de los gatos brillan de noche.

Bigotes: Los bigotes ayudan a los gatos a encontrar su camino con poca luz. Advierten de cualquier cosa que bloquee su camino, y le ayudan a saber si cabrá a través de un hueco.

Lengua: La lengua de un gato tiene pequeñas puntas hacia atrás para separar la carne de los huesos, y también para ayudar con su aseo.

Nariz: El sentido del olfato de un gato es mucho más fuerte que el nuestro. Tiene un par adicional de **órganos** olfativos en el paladar de su boca.

Hombros: Sus pequeñas clavículas están unidas a los omóplatos mediante músculos, no por huesos. Esto les permite atravesar espacios pequeños del tamaño de su cabeza.

DATOS SOBRE LOS GATOS

• Si un gato tuerce los labios y abre la boca, está usando sus órganos olfativos para obtener información sobre un olor interesante.

• Los gatos domésticos suelen vivir unos 15 años, pero un gato estadounidense, llamado Creme Puff, ¡murió poco después de su cumpleaños número treinta y ocho!

RAZAS DE GATOS

Hay más de 60 **razas** reconocidas de gatos, pero la mayoría de los gatos domésticos son una mezcla de razas y vienen en todos los colores, formas y tamaños.

Los gatos **siameses** son cariñosos y habladores, y son conocidos por sus fuertes aullidos. Son inteligentes, curiosos y juguetones, por lo que no les gusta que los dejen solos durante mucho tiempo.

Los gatos de **Bengala** pueden saltar a alturas sorprendentes, y a menudo con volteretas en el aire. Son ruidosos, energéticos y les encanta jugar con el agua.

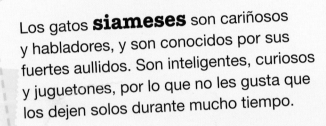

Los gatos **esfinge** parecen no tener pelaje, pero la mayoría tienen una fina capa de pelo. Su piel tiene colores y marcas al igual que el pelaje lo tendría. Son amigables, inteligentes y curiosos, y son conocidos por su comportamiento similar al de los perros.

Los **abisinios** son muy inteligentes e inquisitivos, con personalidades juguetonas. Les gusta estar al aire libre, son muy activos y disfrutan de la compañía de otros gatos.

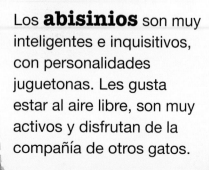

Los **birmanos** tienen ojos azul profundo, piel sedosa y «guantes» blancos en cada pata. Disfrutan de la compañía, así que no les gusta estar solos en casa. Estos gatos tranquilos y curiosos conviven felizmente con otras mascotas.

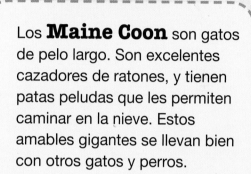

Los **Maine Coon** son gatos de pelo largo. Son excelentes cazadores de ratones, y tienen patas peludas que les permiten caminar en la nieve. Estos amables gigantes se llevan bien con otros gatos y perros.

Los gatos **Bobtail americanos** fueron criados a partir de un gatito americano con una cola muy corta. Estos gatos amantes de la diversión son muy buenos para escapar de lugares, y les encanta recorrer y explorar.

Los gatos **Devon Rex** tienen un pelaje rizado y orejas grandes. A estos gatos traviesos les encanta trepar. Son rápidos para aprender trucos, y disfrutan jugando a la pelota con otros gatos y perros.

ELIGIENDO A TU GATO

¡Un gato puede ser parte de tu familia durante muchos años! Así que antes de enamorarte de un lindo gatito, es una buena idea decidir qué tipo de gato será más apropiado para tu hogar.

¿CON PEDIGRÍ MESTIZO?

Los gatos con **pedigrí** son más caros que los de **razas mixtas**, y siempre deben comprarse a un **criador** recomendado. Los gatos de razas mixtas suelen estar más disponibles, y puedes encontrar muchos para adoptar en tu refugio local.

¿UN GATITO UN GATO ADULTO?

Los gatitos necesitan mucha atención al principio. Alguien tendrá que estar en casa todo el día para vigilarlos. Los gatos adultos son más independientes, pero incluso los gatos mayores necesitan tiempo y atención para ayudarles a instalarse.

¿DE PELO LARGO CORTO?

Los gatos de pelo largo pierden pelo y necesitan ser cepillados todos los días. Si no tienes tiempo para cepillarlos, un gato de pelo corto puede ser la mejor opción para ti. ¡Menos cepillado significa más tiempo para jugar!

¿MACHO HEMBRA?

Los gatos machos son ligeramente más grandes que las hembras, pero si están **castrados** hay poca diferencia entre ellos. Si vas a comprar un gatito, ten en cuenta que es más caro **esterilizar** a una gata.

¿GATO DE INTERIOR EXTERIOR?

La mayoría de los gatos son exploradores naturales, pero muchas ciudades tienen reglas para mantener a los gatos adentro. Los gatos domésticos necesitan mucha atención para no aburrirse.

GATITO CÓMODO

Antes de recoger a tu nuevo gato o gatito, necesitarás algunos objetos para que tu amigo peludo se sienta como en casa.

LO ESENCIAL A LA HORA DE COMER

Los gatos pueden ser exigentes a la hora de comer, así que compra una pequeña selección de diferentes alimentos para ver cuál prefiere tu gato. Los tazones de cerámica o de acero inoxidable son los mejores porque a algunos gatos no les gusta el olor del plástico. Los gatos prefieren los tazones anchos y poco profundos, para que sus bigotes no rocen los bordes.

CHEQUEO DE MASCOTA: ✓

Tu gato tiene:

- ¿Una caja de arena en una parte tranquila de tu casa?
- ¿Tazones con comida y agua?
- ¿Algún lugar para arañar?

LA MASCOTA HABLA

Podría sentirme nervioso al mudarme, así que por favor dame un lugar tranquilo para esconderme mientras conozco mi nuevo hogar.

Un collar reflejante ayudará a que los conductores de autos vean a tu gato si sale por la noche. El collar debería estirarse, de modo que si tu gato se enreda con algo, pueda soltarse de manera segura.

Un transportín fuerte y seguro, con muchos agujeros, es la forma más segura de llevar a tu mascota a casa. El transportín también puede utilizarse para futuras visitas al veterinario.

Necesitarás una caja de arena y un buen suministro de arena para gatos, junto con un recogedor de excrementos para mantenerla limpia. Coloca la caja lejos de las zonas donde tu gato come y duerme.

Los gatos arañan para marcar su **territorio** y para mantener sus garras afiladas, ¡así que un rascador podría proteger tus muebles!

Incluso los gatos de pelo corto necesitan un aseo semanal, por lo que un cepillo es una pieza esencial en un kit de cuidado para gatos.

11

INSTALÁNDOSE

Llevar tu gato a casa es muy emocionante, pero puede ser un poco aterrador para tu nuevo amigo. Prepara una habitación cálida y tranquila con comida y agua, una caja de arena y un lugar acogedor para dormir, para que tu gato se sienta seguro mientras se acostumbra a su entorno.

AL LLEGAR

Cuando llegues a casa, lleva la jaula del gato al cuarto que has preparado y ábrela. Deja a tu mascota sola para que explore el territorio. A los gatos les gusta esconderse cuando van a un lugar nuevo. ¡Una caja de cartón es un gran escondite!

HACIÉNDOSE AMIGOS

Después de unas horas, entra al cuarto y siéntate discretamente en el suelo. Puedes llevar algunos juguetes y premios. No obligues a tu gatito a acercarse a ti ni trates de agarrarlo. Si es tímido, pueden pasar unos días antes de que se sienta lo bastante seguro como para acercarse a ti.

COMENZANDO A EXPLORAR

Tu gato te hará saber cuando esté listo para explorar el resto de tu casa: tratará de seguirte hacia afuera del cuarto. Asegúrate de que todas las puertas y ventanas que dan al exterior estén cerradas, y mantén abierta la puerta del cuarto para que el gato pueda escapar si se asusta.

SALIDAS

Los gatos deben permanecer en casa durante dos semanas después de su llegada para garantizar que no se pierdan. Deja salir a tu gato por unos minutos justo antes de comer, y luego párate en la puerta con un poco de comida para animarlo a entrar de nuevo.

CONOCIENDO A OTRAS MASCOTAS

Los gatos y los perros se comunican por medio del olfato, por lo que intercambiar cama entre las mascotas es una buena manera de acostumbrarlos mutuamente antes de conocerse. Mantener un animal en una jaula o detrás de una barrera para mascotas permite que se conozcan sin riesgo de atacarse. No dejes dos mascotas solas hasta que estés seguro de que se han hecho amigas.

ATENDIENDO AL GATITO

Los gatos son **carnívoros** y necesitan comer carne. A diferencia de los perros, no pueden sobrevivir con una dieta **vegetariana**. A los gatos les gusta comer pequeños bocados con frecuencia, así que aliméntalos solo con pequeñas cantidades cada vez, en lugar de dejar la comida afuera todo el día.

ALIMENTANDO A LOS GATITOS

Los gatitos crecen rápido, por lo que necesitan más comida que los gatos adultos. Los gatitos pueden empezar a comer pequeñas cantidades de comida sólida a las cuatro semanas de edad, y deben estar completamente **destetados** a las ocho semanas de edad.

ALIMENTANDO A LOS GATOS

La forma más fácil de asegurarte de que tu gato obtiene todos los **nutrientes** que necesita es comprar un alimento para gatos de buena calidad. Muchos gatos prefieren la comida húmeda, pero no les gusta fría, así que deja siempre los paquetes o latas cerradas a temperatura ambiente.

La comida seca será útil si tienes que dejarla afuera durante el día.

LA MASCOTA HABLA

Por favor, no me des alimentos para humanos como: chocolate, cebollas y ajo. Podría enfermarme.

VIGILANDO EL PESO

Los gatos domésticos tienen un suministro regular de comida y les gusta dormir mucho, por lo que fácilmente podrían tener sobrepeso. Un gato gordo puede sufrir graves problemas de salud, así que asegúrate de limitar la cantidad de premios que le das.

LÍQUIDOS

Aunque los gatos no toman mucho líquido, deben tener agua fresca disponible en todo momento, especialmente si tu mascota consume comida seca.

La leche no es adecuada para los gatos. Puede causar trastornos estomacales.

CHEQUEO DEL PESO ✓

- Deberías poder sentir los huesos de tu gato bajo una fina capa de grasa.
- Tu gato debería tener una cintura más estrecha detrás de las costillas cuando lo mires desde arriba y de lado.

CUIDADO DIARIO

Examina todos los días a tu mascota en busca de cualquier señal de enfermedad o lesión. Si tu gato parece tener dolor o ha dejado de comer, es hora de llevarlo al veterinario. Es mucho mejor tratar cualquier problema con rapidez para que tu amigo peludo no sufra innecesariamente.

ASEO

Cepilla a tu gato regularmente, especialmente si tiene pelo largo. Esto elimina los pelos sueltos, que los gatos podrían tragar. También es una buena oportunidad para examinar a tu mascota en busca de heridas. Si los gatos tragan muchos pelos, se formarán bolas de pelo en su estómago y el gato las vomitará.

LA MASCOTA HABLA

No hago un escándalo si me siento mal, así que es importante que mi dueño note cualquier cambio en mi comportamiento.

PULGAS

Las pulgas son muy comunes en los gatos. Son diminutas, pero puedes detectarlas cuando estás aseando a tu gato. Hay muchos productos para mantener a tu mascota libre de pulgas, pero algunos podrían enfermarlo. Pregunta a tu veterinario cuáles son los mejores productos anti pulgas para tu mascota.

LOMBRICES

Los gatos pueden contraer lombrices de otros animales, con frecuencia de las pulgas o al comer presas infectadas. Generalmente no muestran ninguna señal de tener lombrices a menos que se trate de algo grave, por lo que es mejor preguntar a tu veterinario sobre los tratamientos para prevenirlas.

CUIDADO DENTAL

Cuidar los dientes de tu gato es una prioridad. La crema dental para gatos viene en sabores de pescado o carne, así que empieza dejando que tu gato pruebe un poco, y luego toca sus dientes con un cepillo de dientes para gatos. A medida que tu mascota se acostumbra a la idea, empieza a cepillarle los dientes suavemente.

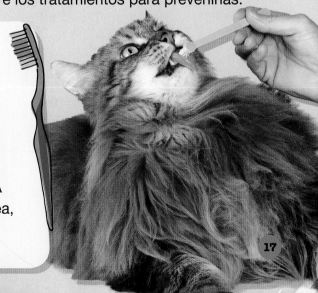

SALUD Y SEGURIDAD

Puedes cerciorarte de que tu mascota se mantenga segura y saludable al conservar los medicamentos y los artículos de aseo fuera de su alcance, las ventanas y puertas cerradas y programando visitas anuales al veterinario.

VACUNAS

Todos los gatitos deben ser **vacunados** contra las enfermedades comunes de los felinos, y necesitarán vacunas frecuentes a medida que crezcan. Si consigues un gato, debes comprobar qué vacunas se le han administrado y cuándo se deben administrar las siguientes.

CASTRADOS O ESTERILIZADOS

Los gatitos se deben castrar o esterilizar cuando tienen unos cuatro meses. Esto ayuda a proteger a los gatos contra algunas enfermedades. También hace que la vida hogareña sea más feliz con tu mascota. Una gata puede dar a luz hasta 200 gatitos a lo largo de su vida, y los machos no castrados tienden a meterse en peleas y a rociar orina para marcar su territorio.

LA MASCOTA HABLA

No me gusta ir al veterinario, pero puedes hacer que me asuste menos poniendo alguna manta o cobija en el transportín, para que tenga el mismo olor que mi casa.

MICROCHIPS

Un microchip tiene el tamaño de un grano de arroz y un veterinario lo inserta bajo la piel del gato. Si un gato es encontrado luego de perderse, el microchip puede ser leído y cotejado con los datos de contacto del dueño para facilitar su reencuentro.

VENENOS

Si crees que tu gato se ha envenenado, llévalo al veterinario de inmediato. Los gatos pueden comer presas envenenadas, como ratones. También algunas plantas son peligrosas para ellos, especialmente las de la familia de los lirios. Es probable que los gatos no ingieran sustancias nocivas a propósito, pero podrían retirarlas de su pelaje con la lengua.

ACCIDENTES DE TRÁFICO

Puedes reducir el riesgo de que tu gato tenga un accidente con un auto si lo mantienes en casa, especialmente de noche. Si tu gato sale durante el día, asegúrate de alimentarlo temprano en la noche, para que esté en casa antes de que oscurezca.

CHEQUEO DE MASCOTA

Tu gato ha sido:

- ¿castrado o esterilizado?
- ¿vacunado?
- ¿tiene un microchip?

COMPORTAMIENTO DE LOS GATOS

Los gatos cazan solos en la naturaleza, y cada gato necesita un área lo suficientemente grande para obtener la comida necesaria. La mayoría de los gatos machos viven solos, pero las hembras y los gatitos pueden vivir en grupo si hay suficiente comida para todos. Los gatos domésticos suelen ser felices cuando viven solos, pero algunos disfrutan de la compañía de otros gatos, especialmente si han crecido juntos.

LUGARES ALTOS

A los gatos les gusta observar sus alrededores desde un lugar alto: así pueden buscar presas y estar atentos al peligro. A muchos gatos también les gusta sentarse en una percha elevada en casa. Si tienes más de un gato, el líder normalmente ocupará el lugar más alto.

LOS GATOS Y EL SUEÑO

¡Los gatos duermen unas dieciséis horas al día! Lo más probable es que estén muy despiertos por la mañana y al atardecer, cuando sus presas serían más activas si vivieran en la naturaleza.

LA MASCOTA HABLA

Estoy más activo las primeras horas de la mañana, y al atardecer. ¡Es el mejor momento para jugar conmigo!

ARAÑAR

Esto es parte del comportamiento natural de un gato. Los gatos tienen glándulas odoríferas entre los dedos de las patas y es una de las formas en las que marcan su territorio. Anima a tu mascota a usar un poste para rascar frotándolo con menta gatera y colocando algunas golosinas alrededor de la base.

CAZAR

Tu gato tiene el **instinto** de caza aún si tiene suficiente comida. Puedes ayudar a satisfacer este instinto jugando al «gato y al ratón» con tu mascota, ¡pero no te sorprendas si te lleva un ratón o un pájaro muerto!

COMUNICACIÓN

Saber cómo hablan los gatos entre sí te ayudará a entender lo que trata de decirte tu mascota. Los gatos no solo se comunican utilizando sonidos: el lenguaje corporal y el olor son igualmente importantes para ellos.

LENGUAJE CORPORAL

La cola y las orejas de un gato son buenas pistas para conocer su estado de ánimo. Si la cola está erguida en el aire y las orejas están firmes, el gato se siente amigable. Pero si mueve la cola de un lado a otro y tiene las orejas hacia atrás, ¡cuidado!, es una advertencia de que el gato está molesto y podría atacar.

CONTACTO VISUAL

Cuando dos gatos se encuentran, pueden desafiarse mirándose fijamente, así que a tu gato podría disgustarle que lo miren fijamente. Un gato relajado parpadeará o guiñará un ojo, y cuando tu gato entrecierre los ojos, será el equivalente **felino** a una sonrisa.

LA MASCOTA HABLA

Podría darme vuelta sobre mi lomo si me siento relajado o quiero jugar, pero no intentes tocarme la barriga, ¡pues podría arañarte!

SUPER OLFATEADORES

Los gatos tienen un gran sentido del olfato. Utilizan las glándulas odoríferas en la cara, la cola y entre los dedos de las patas para comunicarse. Cuando un gato se frota la cara contra algo o alguien, está marcando su territorio y a los miembros de su grupo familiar.

CHARLA DE GATOS

Los gatos hacen chirridos y maúllan a modo de saludo o para decirte que es hora de alimentarlos. Cuando los gatos se enojan, sisean, bufan y gruñen. Los gatos ronronean cuando están felices y relajados. Los gatos enfermos o heridos también pueden ronronear para consolarse, o para sentirse mejor.

ENTRENAMIENTO

La mejor manera de entrenar a tu gato es con un mando a distancia y con premios. Primero, haz que tu gato entienda la conexión entre el sonido del mando y una recompensa. Cuando tu gato obedezca una orden, oprime el mando y luego dale una golosina sabrosa. De esta forma, podrás enseñarle muchos trucos a tu gato.

MANDO

LLAMÁNDOLO

Hacer que tu gato acuda cuando lo llames es útil si tu mascota pasa tiempo afuera, y podría salvarlo de algún peligro. Empieza llamando a tu gato por su nombre desde un cuarto y luego presiona el botón del mando. Dale un premio a tu mascota cuando se acerque a ti. Cuando tu gato entienda, intenta llamarlo desde otro cuarto o desde afuera, luego haz clic y recompénsalo.

LA MASCOTA HABLA

¡Los premios me ayudan a aprender! Si me das un regalo cuando obedezco una nueva orden, sé que he hecho algo para complacerte.

CAJA DE ARENA

Lleva a tu gatito a su caja de arena cuando se despierte y después de cada comida, luego haz clic y dale una recompensa por usar la caja. Mantén siempre la caja en el mismo lugar y límpiala regularmente. No uses desinfectantes o productos químicos para limpiar la caja, ya que podrían lastimar a tu gato.

HAZLE UN SONAJERO A TU GATO

Los gatos son sensibles al ruido, así que si tu mascota araña los muebles o salta sobre la mesa del comedor, un ruido agudo le enviará un mensaje de que lo que está haciendo no es aceptable. Haz un sonajero para desalentar comportamientos no deseados poniendo algunas piedritas en una lata con tapa.

DAME CINCO

Levanta la mano con un dulce entre dos dedos. Cuando tu mascota levante la pata para obtener el premio, presiona el mando y dale una recompensa. Después de que hayas practicado esto, intenta el truco sin el premio.

DIVERSIÓN Y JUEGOS

A los gatos les encanta jugar. Los mantiene en forma y alerta, y también es divertido para sus dueños. A los gatos les gustan los juguetes que se mueven ya que así pueden practicar sus habilidades de caza. Sin embargo, no es necesario gastar mucho dinero. Es fácil hacer tus propios juguetes para gatos.

Los gatos son muy curiosos y disfrutan trepando y escondiéndose, así que unas cuantas cajas de cartón con agujeros de entrada y salida los mantendrán entretenidos durante horas.

Lanza una pelota ligera por las escaleras para que, mientras rueda hacia abajo, tu gato pueda correr tras ella.

Haz una vara de pescar de juguete atando plumas o papel de seda a una cuerda o un palo, y agítala cerca de tu gato.

LOCOS POR LA MENTA GATERA

La menta gatera es una hierba que muchos gatos adultos adoran. La olfatean, la lamen, se frotan y revuelcan en ella. Intenta cultivarla en una maceta o compra un juguete barato lleno de menta gatera seca. ¡Luego siéntate y disfruta viendo a tu gato divertirse a lo loco!

A los gatos les encanta perseguir cosas. Intenta meter un calcetín viejo dentro de otro y átalo a una cuerda. Arrástralo delante de tu gato con tirones lentos y sacudidas bruscas.

Sopla algunas burbujas para que tu gato las persiga.

GRANDES CONSEJOS

- Juega con tu gato todos los días por un rato.

- Deja que tu gato agarre el juguete al final de cada juego.

- Rota los juguetes para que tu gato no se aburra.

- Guarda los juguetes después de jugar para evitar accidentes.

CUESTIONARIO SOBRE GATOS

A estas alturas, ¡deberías saber mucho sobre los gatos! Pon a prueba tus conocimientos respondiendo a estas preguntas:

 ¿Cuánto tiempo vive un gato en promedio?

a. 5 años
b. 15 años
c. 30 años

 ¿Cuántos músculos tienen los gatos en cada oreja?

a. 1
b. 10
c. 30

 ¿Qué tiene de inusual un gato esfinge?

a. Tiene muy poco pelo
b. Tiene un pelaje rizado
c. Tiene una cola corta

 ¿Cuántas horas duerme un gato al día?

a. 8
b. 16
c. 20

 ¿Puede un gato ser vegetariano?

a. Sí
b. Parcialmente
c. No

6 ¿Qué planta hace que algunos gatos se vuelvan locos?

a. Menta gatera
b. Perejil
c. Menta

7 ¿Cómo se siente un gato si mueve la cola y tiene las orejas hacia atrás?

a. Feliz
b. Relajado
c. Enojado

8 ¿Cuántos gatitos tendrá una gata promedio durante su vida si no es esterilizada?

a. 50
b. 200
c. 600

9 ¿Con qué frecuencia debes cepillar a una gata de pelo corto?

a. Todos los días
b. Todas las semanas
c. Todos los meses

10 ¿Cuál de estos alimentos es dañino para los gatos?

a. Chocolate
b. Cebollas
c. Ambos

RESPUESTAS DEL CUESTIONARIO

1 ¿Cuánto tiempo vive un gato en promedio?

b. 15 años

2 ¿Cuántos músculos tienen los gatos en cada oreja?

c. 30

3 ¿Qué tiene de inusual un gato esfinge?

a. Tiene muy poco pelo

4 ¿Cuántas horas duerme un gato al día?

b. 16

5 ¿Puede un gato ser vegetariano?

c. No

6 ¿Qué planta hace que algunos gatos se vuelvan locos?

a. La menta gatera

7 ¿Cómo se siente un gato si mueve la cola y tiene las orejas hacia atrás?

c. Enojado

8 ¿Cuántos gatitos tendrá una gata en promedio durante su vida si no es esterilizada?

b. 200

9 ¿Con qué frecuencia debes cepillar a un gato de pelo corto?

b. Todas las semanas

10 ¿Cuál de estos alimentos es dañino para los gatos?

c. Ambos

APRENDE MÁS

LIBROS

Bishop, Amanda, y Bobbie Kalman. *What is a Cat?* Crabtree Publishing, 2003.

Newman, Aline Alexander. *How to Speak Cat: A Guide to Decoding Cat Language.* National Geographic Children's Books, 2015.

Walker, Niki, y Bobbie Kalman. *Kittens.* Crabtree Publishing, 2004.

GLOSARIO

carnívoros: animales que comen principalmente carne

castrados: machos que han tenido una operación para impedir que puedan tener crías

criador: persona que cría determinadas razas de animales

depredadores: animales que cazan y comen otras criaturas

destetados: cuando los bebés están listos para comer alimentos sólidos y ya no necesitan la leche de su madre

esterilizar: operar para impedir que las hembras puedan tener bebés

evolucionado: desarrollado lentamente o cambiado a lo largo de generaciones

felino: otra palabra para gato o parecido a los gatos

glándulas: órganos que producen fluidos y químicos, como la saliva, las lágrimas y el olor

instinto: comportamiento natural que es automático y no se aprende

nutrientes: los elementos saludables de los alimentos, incluyendo proteínas, vitaminas y minerales

órganos: partes de una persona, planta o animal que realizan una función especial

pedigrí: un animal que tiene dos padres de la misma raza

presa: un animal que es cazado por otros

razas: grupos de animales en los que sus miembros cuentan con los mismos ancestros y características

razas mixtas: gatos que tienen padres de al menos dos razas diferentes

refleja: que devuelve la luz o el sonido

retraer: encoger un órgano o miembro del cuerpo para que quede oculto

territorio: un área que un animal ha reclamado para sí mismo y defiende de los intrusos

vacunados: cuando los animales y los humanos son inyectados con sustancias que los protegen de enfermedades graves

vegetariana: un tipo de dieta que no incluye carne o pescado

ÍNDICE ANALÍTICO